© 2022 aracari verlag rights & licenses ag, Zürich, Switzerland; www.aracari.ch
1. Auflage 2024; Erstveröffentlichung Herbst 2024

Die Geschichte vom NICHTS
Text: Regina Schwarz; Illustration: Florence Dailleux; ISBN: 978-3-907114-36-0

Lektorat: Maria Werner; Herstellung: STUDIO-Basel.ch;
Lithos und Druck: Grafisches Centrum Cuno, Calbe, Deutschland

Die Deutsche Nationalbibliothek verzeichnet diese Publikation in der Deutschen Nationalbibliografie; detaillierte bibliografische Daten sind im Internet abrufbar über http://dnb.ddb.de.

Alle Rechte vorbehalten – All rights reserved. Dieses Werk und seine Teile sind urheberrechtlich geschützt. Jede Verwertung außerhalb der engen Schranken des Urheberrechts, auch auszugsweise, ist ohne Einwilligung des Verlages unzulässig. Dies gilt unabhängig durch welches Medium, insbesondere für die Vervielfältigung, Verbreitung, Bearbeitung, Speicherung und Übersetzung.

 Finde uns auf Facebook unter http://www.facebook.com/aracariverlag

 Finde uns auf Instagram unter http://instagram.com/aracari_verlag

Die Geschichte vom NICHTS

Regina Schwarz Florence Dailleux

Das Nichts ist traurig.
«Ich bin ein Nichts und bleibe ein Nichts.
Und ich sehe nach nichts aus.
Wie ein Nichts eben.
Aber das ist ja nichts Neues.
Da kann ich nichts machen.»

Am liebsten würde es
sich in nichts auflösen.

Und dann? Ständen alle da ohne das Nichts.

Niemand könnte mehr sagen:
«Nichts da!»

Oder: «Macht nichts!»

Oder: «Damit kann ich nichts anfangen.»

Und
es
gäbe
auch
nichts
mehr
zu
lachen!

Aus einem guten Plan würde nichts.

Nichts stände mehr an seinem Platz.

Nichts stände mehr im Weg.

Und niemand würde viel Lärm um nichts machen.

Wir würden nichts Neues, nichts Näheres
und nichts Genaues mehr hören.

Und wenn das Nichts nicht mehr da wäre,
dann müssten wir uns ja um nichts mehr kümmern.

Nichts wäre dann noch in Ordnung, oder?

Und stell dir vor, wenn niemand mehr mit nichts was zu tun haben wollte.

Und sich aus rein gar nichts mehr etwas machen würde.

Nichts! Nichts! Nichts!
Das Nichts wäre ja
nicht mehr da.

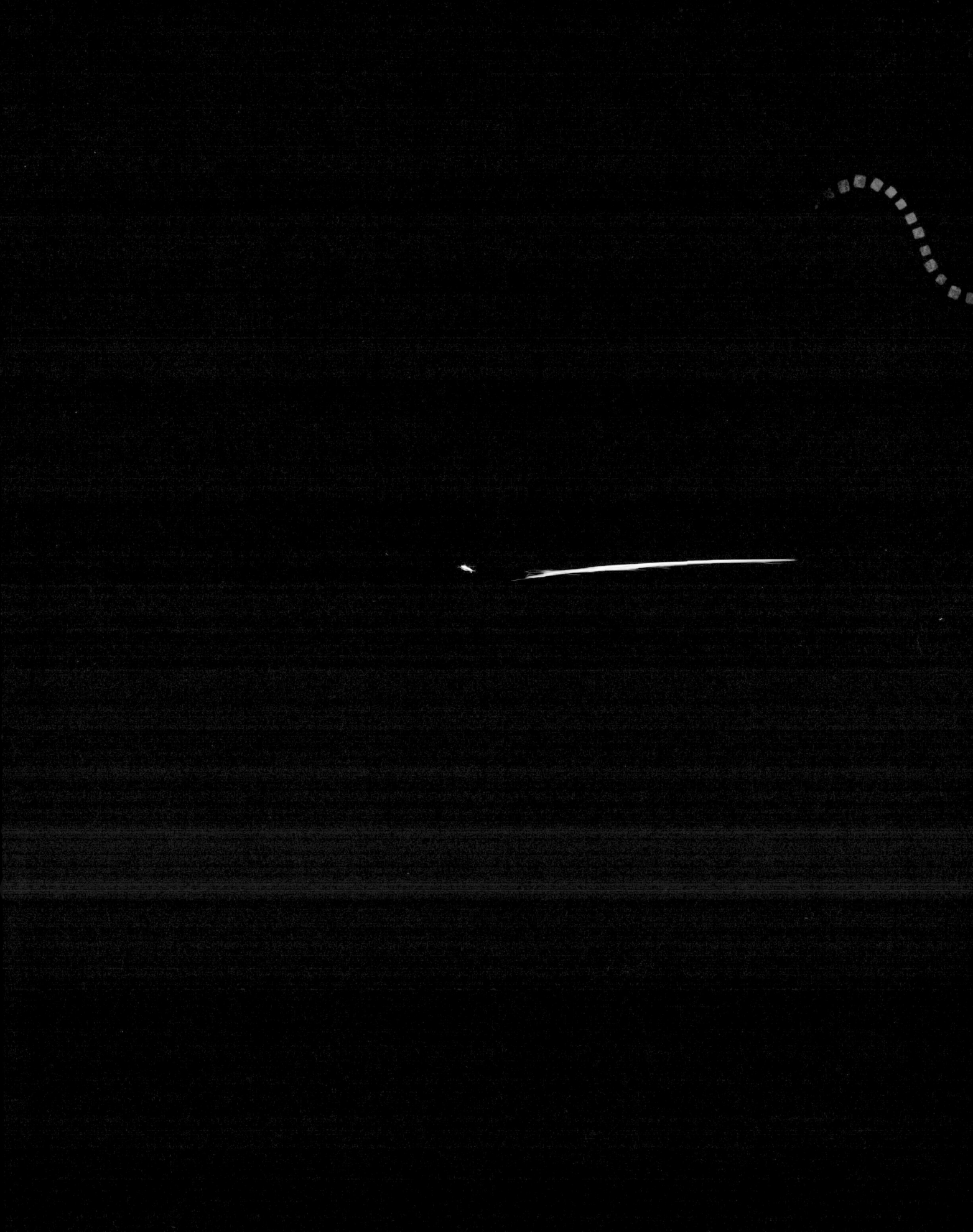

Wir brauchen das Nichts.
Denn es ist nicht für nichts gut.
Sondern für vieles.

Aber du glaubst nicht, wer plötzlich wie aus dem Nichts wieder auftaucht …

Das Nichts!

Wie sehr es uns gefehlt hat …